青岛市精品校（园）本课程系列丛书

泥趣

——快乐玩泥巴

青岛市教育科学研究院 编

山东教育出版社

图书在版编目（CIP）数据

泥趣：快乐玩泥巴 / 青岛市教育科学研究院编 . — 济
南：山东教育出版社，2020.5
（青岛市精品校（园）本课程系列丛书）
ISBN 978-7-5701-1098-8

Ⅰ.①泥… Ⅱ.①青… Ⅲ.①泥塑-雕塑技法-小学-
教材 Ⅳ.①G624.751

中国版本图书馆CIP数据核字（2020）第 077025 号

QINGDAO SHI JINGPIN XIAO（YUAN）BEN KECHENG XILIE CONGSHU
NI QU——KUAILE WAN NIBA

青岛市精品校（园）本课程系列丛书

泥趣——快乐玩泥巴　　　　　　　　青岛市教育科学研究院 编

主管单位：山东出版传媒股份有限公司
出版发行：山东教育出版社
　　　　　地址：济南市纬一路321号　邮编：250001
　　　　　电话：（0531）82092660　　网址：www.sjs.com.cn
印　　刷：山东泰安新华印务有限责任公司
版　　次：2020 年 5 月第 1 版
印　　次：2020 年 5 月第 1 次印刷
开　　本：787 mm×1092 mm　1/16
印　　张：2.5
印　　数：1–1500
字　　数：32 千
定　　价：13.50 元

（如印装质量有问题，请与印刷厂联系调换）印厂电话：0538-6119313

青岛市精品校（园）本课程系列丛书
编写委员会

主　　　编　柴清林

副　主　编　于立平

执 行 主 编　江守福

本册指导专家　欧京海

本 册 主 编　魏世建

本 册 副主编　孙亮星　臧旭东

本 册 编 委　李　娟　张　娜　董林姿　姜　越
　　　　　　　刘文婷　夏欢欢

总序

　　习近平总书记在2018年全国教育大会上强调，要努力构建德智体美劳全面培养的教育体系，形成更高水平的人才培养体系。要把立德树人融入思想道德教育、文化知识教育、社会实践教育各环节，贯穿基础教育、职业教育、高等教育各领域，学科体系、教学体系、教材体系、管理体系要围绕这个目标来设计，教师要围绕这个目标来教，学生要围绕这个目标来学。凡是不利于实现这个目标的做法都要坚决改过来。

　　青岛市教育科学研究院以学校课程建设与实施为抓手，围绕课程教材体系和人才培养体系建设目标，从学校和一线教师开发的校本课程中，精选出部分基于学生核心素养提升的课程成果，组织开发建设了超过1000门精品学校课程。在邀请国内知名课程专家进行专业指导，引领学校实践验证、完善优化和提炼提升的基础上，通过网上精品课程超市、课程建设现场会、新闻媒体和专业报刊系列报道、课程成果推介会、专家论证会等形式，广泛宣传、推介和展示学校的优秀课程成果，引导社会、学校、教师和学生共享优质课程资源，从而使所提供的校本课程资源真正意义上成为国家课程、地方课程的有益补充，为学校文化建设、学校特色创建、学生个性发展和区域教育均衡发展搭建了相互学习与借鉴的平台，也为区域推进学校课程建设提供了案例和典范。

  青岛市精品校（园）本课程系列丛书的面世，是青岛市高效推进学校课程建设与实施的有力佐证，也是我国课程改革深入推进的重要成果之一，是贯彻落实《中共中央国务院关于深化教育改革，全面推进素质教育的决定》，落实国家课程、地方课程和校本课程三级课程管理体制，赋予地方和学校更大的课程决策权的典型实践案例。通过共享精品课程资源的学习，帮助学生形成其终身发展和社会发展需要的必备品格和关键能力，提升学生的个人修养、社会关爱和家国情怀，实现学生自主发展、合作参与和创新实践；同时也为一线从事校本课程开发建设和实施的广大教师打开了一扇新的窗户。

  青岛市在解决"培养什么人、怎样培养人、为谁培养人"的根本问题，全面推进教育现代化，全面提升教育教学质量方面又迈出了可喜的一大步。

教育部课程教材研究所 田慧生

2018年12月

前言

　　陶土是一种富有多样性且容易使人着迷的材料。它可以被塑造成各种各样的形态，在高温下变成永恒的形态。不同于其他材质，陶土一旦被送进窑炉，它就伴随着不可预见性的神秘感。它永远不会尽在我们的掌控之中，并且无法保证最终结果。探索未知的领域、发现潜在的可能，正是这些，激励着艺术家们去不断提高自己已有的境界和认知水平。

　　在这里，我们将点燃孩子们对陶艺创作的激情，让孩子们用陶艺表达自己的信心，并进一步去探索各种材料、工具的使用和立体造型效果的表现。在这个过程中，孩子们将一次又一次突破自己的认知限制。以陶土为媒介，表达对世界的认知，传达创作时的情绪，塑造属于自己的陶艺语言。

　　童心、童真、童趣在这里闪烁着光芒。带着快乐，带着智慧，带着对已知世界的认识和对未知世界的憧憬，与泥为伍，与快乐为伴。走进泥趣坊，尽情发挥你的想象，大胆实践，创作心中那件独一无二的陶艺作品！

　　快乐是陶艺课的主旋律。就让孩子们在快乐的玩泥巴过程中，不断创造奇妙的立体作品，形成自己独特的视角和思考，培养不断探知的能力！

目录

1 陶艺制作中最常用的方法

同学，祝贺你，从今天开始你将踏上奇妙的陶艺制作之旅。在创作之前，我们先一起来了解一下最常用的陶艺制作方法吧！艺术家们就是通过这些基本方法，通过不断地创新，创造了更多富有变化的方法，创作出了一件件精彩的作品的！

手捏成型法

用手指轻轻地捏压黏土，使黏土成型。

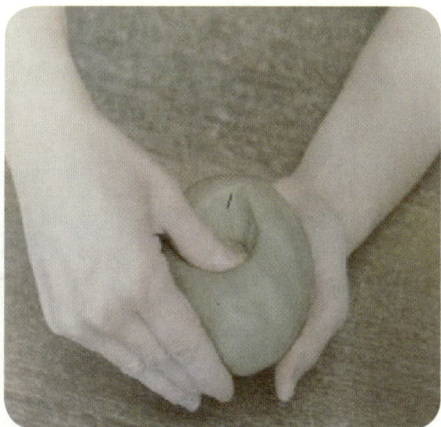

手捏成型法是我们塑造黏土方法中较为简单的一种。手捏法可以迅速增强我们与黏土的亲和感，且极容易做出富有创造性的作品。

泥条盘筑法

将黏土搓或压成条状的形态，称为泥条。然后将泥条连接形成器型或各种形态。

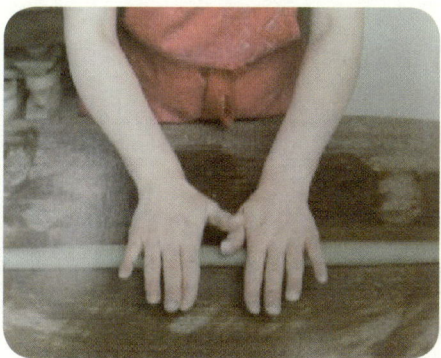

泥条盘筑法是应用较为广泛的手筑技法，可以用来制作器皿、雕塑、建筑等，也是一种较慢且耐于寻思的手作方法，盘筑出的作品每件都独具特色。

泥板成型法

用擀面杖或泥板机，将黏土压成扁平的泥板。

半干状态时切割泥板，然后再组装成一个全新的形态。

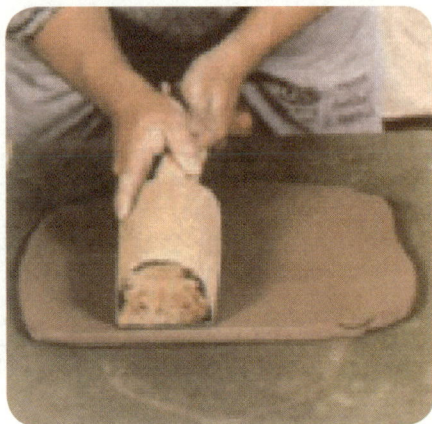

泥板成型法造型丰富，在运用过程中有一定的挑战性，被广泛用于餐具、盒子、屋瓦以及建筑等部位的制作。泥板成型法在塑造过程中要求对细节有精确把握。

1. 说一说，陶艺制作通常会用到哪几种方法？

2. 看一看，这些方法中有没有你以前用到过的方法？

3. 想一想，你将会用到哪些方法来制作你的第一件作品呢？

艺术探索

陶艺制作的方法千千万万，在我们的学习过程中会不断有新的发现，让我们一起在玩泥的过程中探索更多的方法吧！

2 泥条变变变

泥条在双手中穿梭，创意在脑海中形成。泥条加创意，赋予一堆泥新的形态。泥条加创意，赋予一堆泥新的生命。

运用手掌的灵活性，来回反复几次，由中间往两边均匀施力。中途可稍抹些水，确保泥巴湿润有韧性，或准备一条湿毛巾，保持手掌的湿度。

小泥条这样搓，一起做一做吧！

动手又动脑，小泥条变化多，千变万化的泥条，创意无限！

小提示

揉搓次数过多，弯折时有裂痕则泥料太干，易裂。

陶艺家作品

稍加变化，泥条又有了新的面貌。

艺术实践

你也来试试吧，一定会有更好的创意！

学生作品

3 一根泥条的惊喜

1960年，艺术界曾经掀起了一股"绳子艺术"之风，一根绳子的绕来绕去，构成了大千世界。今天，在你智慧的引导和双手的牵动下，小泥条也会迸发出无限的活力，带给我们万千的惊喜！

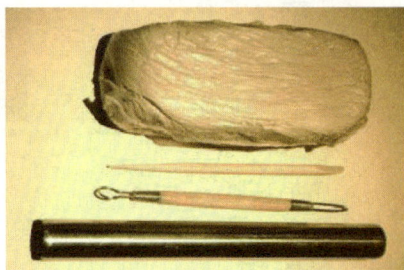

工具材料

1. 搓一些粗细均匀、尽可能长一些的泥条。
2. 擀一块泥板。
3. 将泥板上刷满泥浆。
4. 按照自己的创意主题，顺着想要的形状牵着泥条慢慢走动。
5. 注意转弯时泥条的变化，慢慢摆弄，细细品味小泥条的魅力。

艺术实践

你发现了吗？借助生活中的形态，用小泥条缠绕的方法，还可以做成立体的作品呢！你也来试试吧！

小贴士

在泥条半干时，一定要把里面的物体取出，以免泥条被撑断。

4 盘出来的花盘子

生活中经常会用到大大小小的、各种各样的盘子。它们或形状独特或图案精美，带给我们每一天的好心情。借助生活中的盘子辅助制作，用泥条盘筑的方法可以盘出一个盘子，很特别的！

制作步骤

1

2

一只手拿泥条，另一只手盘筑图案，泥条之间紧紧靠拢。在图案的空隙处填补泥团。

3

4

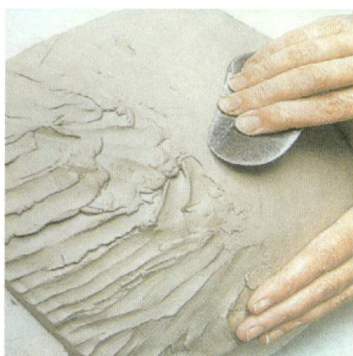

5

对图案满意后从边缘向中心操作，用手指将泥条抹平，把泥连接在一起。最后用金属刮抹平表面。

试试看：
花纹盘得方向不同，
效果也不同哦！

学生作品

艺术实践

你也用泥条盘筑的方法来盘出一个独特的盘子吧!

5 小泥球的奇妙世界

同学们，你们会搓泥球吗？这些大大小小的泥球，让你联想到了什么呢？水果？昆虫？项链？还是……？

泥球可大可小。按照一定的韵律和节奏，拼一拼，摆一摆。

陶艺家作品

学生作品

艺术实践

小泥球的巧妙组合，或具象或抽象，还可以和泥片、泥条一起组合。你也试着做一做吧！

6 海星派对

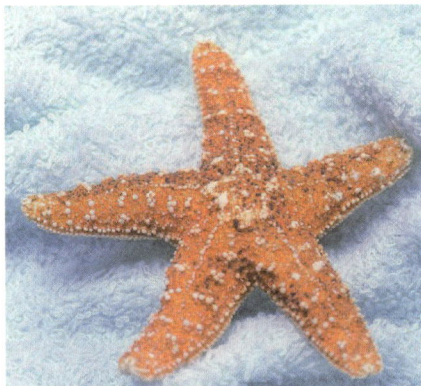

海底有颗五角星，
身上刺多肉不平。
平时趴着无动静，
五角是它捕食器。

——海星

去海边走一走，幸运的小朋友会捡到几只小海星呢！仔细观察一下海星的样子吧！

制作步骤

1. 擀一块泥饼，厚度大约为1cm。
2. 切出海星的形状。
3. 添加装饰花纹。
4. 摆造型，添加表情。

生活中的巧妙应用

小海星的可爱形象深受大家的喜爱，在生活中经常会见到它。

　　用泥板成型的方法，来做一只可爱的小海星吧！加上动作、表情，来一场热闹的沙滩派对。

学生作品

7 嘀嗒嘀嗒

嘀嗒嘀嗒……

时钟在我们的生活中起着重要作用，时刻提醒着我们时间的流逝和宝贵。

想一想，生活中各种各样的时钟，你喜欢什么样子的呢？

制作步骤

1. 将泥巴拍成圆饼状，用擀面杖擀平整。
2. 用铅笔画出轮廓，进行造型切割。
3. 拿毛笔或者海绵进行修整，装饰细节。
4. 在合适的位置打洞留作后期放指针等部件。

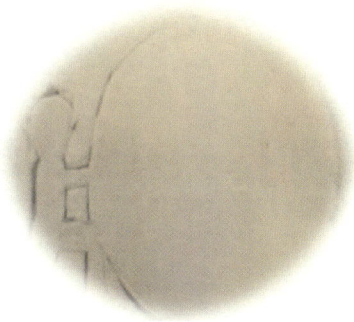

1   2   3

陶艺钟表

4

艺术实践

你也来做一个创意小钟表吧！提醒我们做珍惜、遵守时间的好孩子。

学生作品

8 大风车转呀转

"大风车吱呀吱哟哟地转。
这里的风景啊真好看！
天好看，地好看，
还有一群快乐的小伙伴！"
我们听着歌谣慢慢长大，
在我们成长的过程中，
各种各样的风车，
都让我们爱不释手。

制作步骤

1. 将泥料放置于平铺的塑料薄膜中间。

2. 用擀泥杖擀平、擀薄，并画出大小合适的正方形。

3. 用剪刀沿边剪出正方形，并画出对角线。

4. 揭掉上面一层薄膜，将报纸卷成圆圈状放置在中间。

5. 按照顺时针顺序将泥片向中心折，并粘牢。揭掉背面薄膜，并在正中心打孔。

艺术实践

你也来试试，用擀泥片的方法制作一个风车吧！

学生作品

小贴士

制作时需要小心翼翼，慢慢来，不可以太快。掌握好泥巴的干湿度，不可太干。在成型过程中可以将报纸卷成小卷辅助成型。

9 在星空下

"一闪一闪亮晶晶，
满天都是小星星，
挂在天上放光明，
它是我的小眼睛。"

小时候，
我们仰望星空，
喜欢数星星。
今天，
我们仰望星空，
对星空充满了无限憧憬。

在星空下，
有数不清的梦
想要去追逐……

画家笔下的星空

凡·高 《星月夜》

米罗 《星空》

学生作品

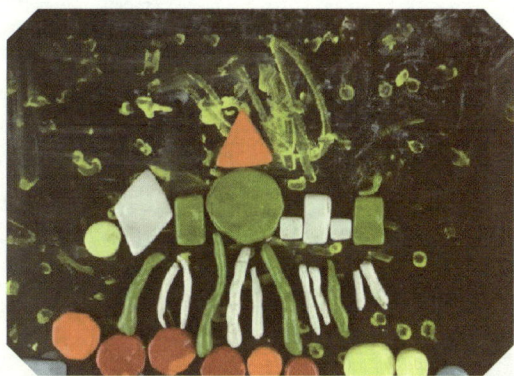

星空下的你，都想到了哪些神奇有趣的事情？是空中楼阁，是月亮船，还是宇宙之旅呢？又在故事中发现了哪些奇特的形状和色彩呢？

艺术实践

用泥板成型的方法，将自己的想象表达出来。可以是具象的某一个物体，也可是抽象的色彩。只要大胆地表现出来，你就是最棒的。

注意星星的大小与疏密。

10 房子的魔术组合

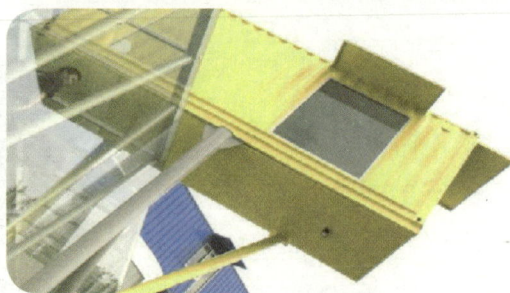

城市里一栋栋的楼房，就像一个个大笼子把人们罩住。能否让这些方正的、呆板的建筑变得更有意思？看了这些设计师的建筑设计，一定会让你脑洞大开！原本方正简单的单体楼房，稍加组合，就神奇般地变得特别起来。

制作步骤

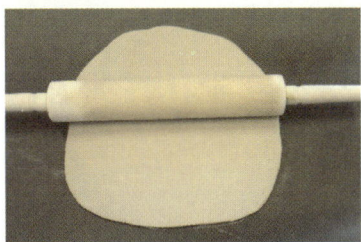

1

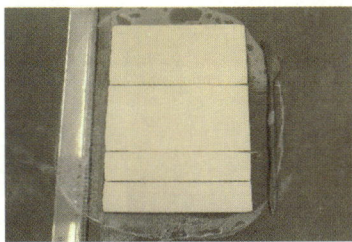

2

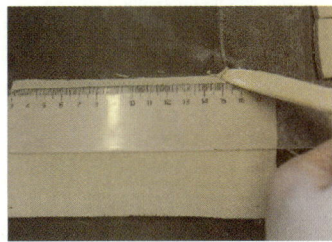

3

4

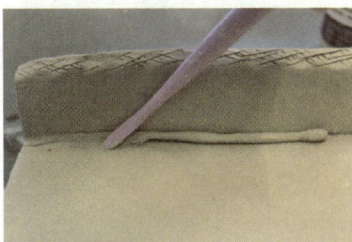

5

6

7

8

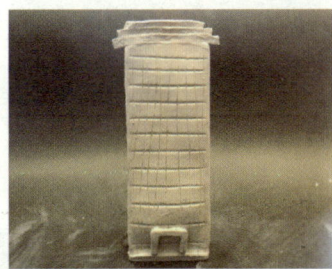

9

1. 擀制一块大泥板。用尺子量好尺寸，算出每个墙面的长宽数据。

2. 注意方形的相对面要切割成一样的大小。在正面边缘量出泥板的厚度，并划出线，用工具切出45度的斜面。

3. 将斜面用工具划线打毛，将一个斜面涂抹泥浆，并把侧面的泥板粘接上去。

4. 搓一个泥条，放置于刚刚粘接的缝隙处，并用工具将泥条压紧抹平。

5. 粘好三个面后，中间垫上报纸做支撑，再粘接第四个侧面。

6. 用海绵微微蘸水擦拭粘接处的外壁，作品完成。

艺术实践

房子的魔术组合创意无限，你也来试试吧！

陶艺家作品

11 当绘画遇上陶艺

设计师作品

一件普通的器具，加上独特的绘画设计，让器具充满了灵气。色彩或艳丽或清新，图案或精美或独特。

小知识

　　釉下彩是陶瓷器的一种主要装饰手段，是用色料在已成型晾干的素坯上绘制各种纹饰，然后罩以白色透明釉，一次烧成。烧成后的图案被一层透明的釉膜覆盖在下面，表面光亮柔和、平滑不凸出，显得晶莹透亮。釉下彩瓷的出现应追溯到汉末三国时期，不过当时只是以褐色颜料简单地点彩来装饰瓷器。

工具材料

釉下彩颜料、
毛笔、素坯。

制作步骤

起稿

↓

彩绘

艺术实践

在陶瓷素坯上绘画是一种很特别的绘画体验，还
可以让我们的生活更有情趣。你也来设计一套餐具或
者茶具吧！

学生作品

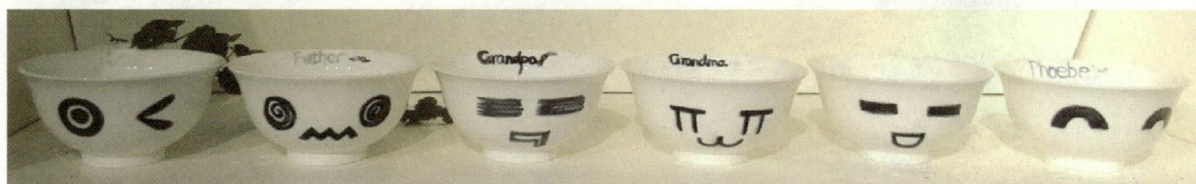

12 汽车变形记

戴姆勒一号车1.1马力汽油机

创意汽车

你了解汽车的历史吗？你见过造型奇特的汽车吗？你想过未来汽车会是什么样子吗？一代又一代的汽车设计师们不断地创新，不断超越。你喜欢什么样的汽车呢？你还见过什么样的汽车呢？讲给大家听一听吧！

艺术探索

查找更多的汽车资料一起来交流。

学生作品

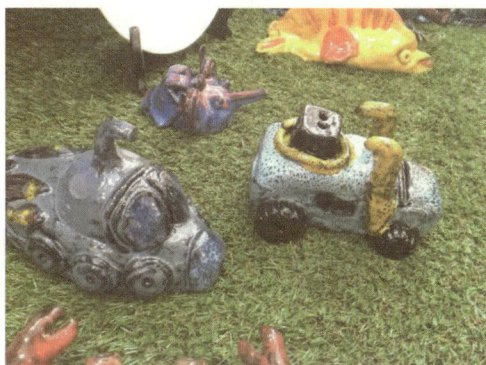

制作步骤

1. 捏制自己所需要的外形。
2. 搓泥条，围汽车底部一圈。
3. 制作并装饰汽车，丰富造型。
4. 添加车轮，刻画细节。

1

2

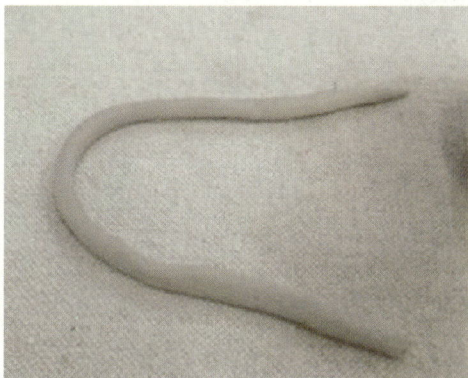

3

4

5

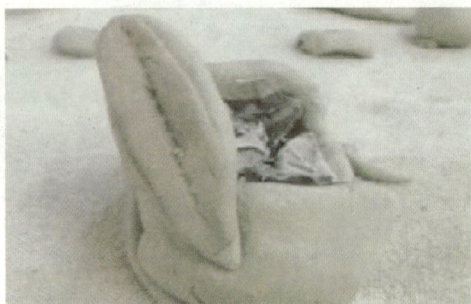

6

7

8

艺术探索

　　运用手捏成型技法制作一款汽车为主题的陶艺作品。注意表达对象的外形特点，大胆创新。

享受陶艺创作的快乐

时间过得很快，小学阶段的创作时光就接近尾声了。在陶艺课上，你一定收获了很多艺术作品吧，一起来晒晒吧！

回忆一下，你都学会了哪几种陶艺创作的方法呢？

你最满意的是哪一件作品？拍个照片留念吧！

贴作品处

喜欢陶艺的同学，可以继续探究哦！陶艺的世界太有趣了，有创意的你一定会有更多优秀的作品！